Claudia Souto e Paulo

OBALUAÊ

Lendas, arquétipo e teologia

Copyright © 2020 Editora Rochaverá Ltda. para a presente edição

Todos os direitos reservados para a Editora Rochaverá Ltda. Nenhuma parte desta edição pode ser utilizada ou reproduzida por qualquer método ou processo sem a expressa autorização da editora.

OBALUAÊ |2| Lendas, arquétipo e teologia

Título
Obaluaê
Lendas, arquétipo e teologia

Autores
Claudia Souto / Paulo Augusto

Revisão
Ileizi Jakobovski / Alexandra Baltazar

Capa
Fábio Galasso / Thiago Calamita

Edição e Diagramação
Fábio Galasso

Internacional Standard Book Number
ISBN: 978-65-00-12621-1 / 64 páginas

Sumário

Introdução - 6

Lendas, arquétipo e definições de Oxum - 8

Definições - 9

Os Orixás segundo as tradições religiosas - 9

Lendas e Histórias do Orixá Obaluaê - 11

Lendas do Orixá Obaluaê - 12

Obaluaê e as lições pelo mundo - 14

Características dos filhos de Obaluaê - 16

Filhos de Obaluaê, arquétipo - 17

Obaluaê, Orixá da vida e da morte - 19

Orixá da cura - 23

Silêncio! A morte que caminha em silêncio... - 25

O Cemitério - 28

A vida na morte - 31

Sincretismo, Lázaro de Bethania - 33

Sincretismo com São Roque - 35

Lázaro, São Roque e Obaluaê - 37

Teologia Espírita Obaluaê - 40

Natureza santa e os Santos - 41

Porque representam as forças da natureza - 43

São Roque, Lázaro ou Obaluaê, quem é Santo - 45

Mártir ou Orixá? - 47

Obaluaê, santidade sobre a vida e a morte - 52

Abrigo divino - 54

Devocionário aos Santos e Servos de Deus - 57

Conhecendo os Santos - 58

Falando com Deus através dos Santos - 60

Santificados sejam todos os Santos - 61

INTRODUÇÃO

Este livro surgiu da real necessidade dos espíritas e filhos de Senhor Obaluaê terem algo segmentado em que pudessem pesquisar e aprender ainda mais sobre essa santidade, fonte de energia de luz espiritual divina de uma forma mais sacrossanta e não somente através das lendas e histórias de vossa unidade.

O conteúdo deste livro está dividido em duas partes, sendo a primeira parte a história sobre as lendas e o arquétipo segundo o entendimento popular e as tradições das religiões de matrizes espírita/africana e a segunda parte um conteúdo teológico espiritual segundo as orientações e ensinamentos de A Bíblia Espírita, A Bíblia Real, a primeira bíblia espírita do mundo.

E para facilitar este entendimento teológico inserimos uma introdução teológica sobre a mediunidade e as forças espirituais que regem e governam essas forças santificadas em terra para lhe ajudar na busca e no entendimento Santo em relação ao trabalho dos Santos em terra.

No final, colocamos alguns conceitos teológicos da doutrina espírita umbandista através da ótica dos espíritos, pois consideramos relevantes que cada ser tenha consciência do caminho que segue, enquanto espírita e devoto dos espíritos.

Para finalizar desejamos que todo este trabalho seja uma mais-valia para todos os que servirem dele, pois o conhecimento teológico é essencial na vida de todos aqueles que buscam crescer e evoluir através dos espíritos.

Os autores:

A Bíblia Real

Lendas, arquétipo e definições de Obaluaê

1. Definições

Cor: Preto e branco ou vermelho

Elemento: Terra

Dia da semana: Segunda-feira

Comemoração: 16 de Agosto

2. Os Orixás segundo as tradições religiosas

Os Orixás são ancestrais divinizados pelo culto do candomblé, religião trazida da África para o Brasil, durante o século XVI, pelo povo Iorubá. Entre os vários Orixás que eram cultuados estão Sr. Obaluaê, Senhor da vida e da morte, responsável pelas epidemias, pandemias, doenças incuráveis, bem como a cura e o alívio de todas as dores do corpo físico.

De acordo com o Dicionário de Cultos Afro-Brasileiros de Olga Cacciatore, os Orixás são divindades intermediárias entre Olorum (o Deus supremo) e os homens em terra. Na África eram cultuados cerca de 600 Orixás, destes foram trazidos para o Brasil cerca de 50, que estão reduzidos por volta de 16 no Candomblé e cerca de 8 na Umbanda. Mas muitos destes são considerados como antigos reis, rainhas e heróis divinizados, os quais representam as vibrações das forças e elementos da Natureza como raios, trovões, tempestades, águas, caça, colheita, rios, cachoeiras, como também grandes ceifadores da vida humana, representando as doenças e pestes epidêmicas; e ainda cobradores das leis sociais e do direito, como leis morais bem como as leis divinas por força da justiça santa do Criador através dos Exús.

No Brasil, cada Orixá foi associado a um Santo da igreja católica, numa prática que ficou conhecida como sincretismo religioso. Obaluaê é sincretizado com São Lázaro, na maioria dos estados brasileiros, sua data é comemorada em 16 de agosto.

3. Lendas e Histórias do Orixá Obaluaê

Segundo as lendas e o conhecimento popular e das religiões de vertente espírita/africana Olabuaê é o Orixá da cura. Conhecido também como Omulu, Omolu, Obaluaê é o responsável pela terra, pelo fogo e pela morte, e por causa do seu poder é bastante temido dentre aos adeptos das religiões que o cultuam.

Obaluaê é chamado sempre que necessário para afastar alguma enfermidade uma vez que possui poder sobre a vida e a morte.

Ele carrega consigo mesmo as chagas e as feridas que representam o que ele viveu em sua existência. O caminho para a morte.

Tanto no Candomblé quanto na Umbanda Obaluaê é sinônimo de temor, pois ninguém esconde nada deste Orixá, segundo a interpretação das lendas, ele é capaz de enxergar qualquer detalhe da vida de uma pessoa, sem contar que seria ele também responsável pela morte, pois rege a terra e é dela que tudo nasce e tem seu fim.

Por isso o entendimento religioso conforme as lendas, acredita-se que ele é capaz de causar desde uma simples doença a uma pandemia ao mesmo tempo em que poderia curar todo e qualquer mal do corpo.

Contudo, Obaluaê é também considerado protetor dos doentes, pois ele conhece o sofrimento de carregar uma enfermidade e não deseja que nenhum ser encarnado passe por sofrimentos na carne, assim como ele. Por isso está associado à cura das doenças da matéria.

4. Lendas do Orixá Obaluaê

Conforme as lendas Omolu era filho de Nanã e Oxalá, irmão de Oxumaré. Devido os erros cometidos por Nanã ao confrontar Oxalá, Obaluaê nasceu cheio de varíolas, o que fez com que a sua mãe o abandonasse para morrer na beira do mar. Após algum tempo lá, Iemanjá ao caminhar sobre seus domínios de águas, encontrou a criança recém-nascida muito machucada devido à doença e os caranguejos que o comiam.

A compaixão de Iemanjá tocou seu peito e ela o adotou e o criou como filho, o ensinando superar as dores do abandono, os males do corpo e a curar as próprias feridas. Porém Obaluaê cresceu cheio de cicatrizes pelo corpo que o fazia ter muita vergonha de si mesmo, e como forma de se esconder ele começou a se cobrir com palhas ficando somente os braços e pernas à mostra em seu corpo.

Desta forma, teria ele crescido com muitos traumas e ressentimentos que o tornaram tímido e cabisbaixo, tentando se esconder de todos, devido os pensamentos e sentimentos negativos.

Conforme o entendimento popular religioso teria sido este o fato de Obaluaê ser considerado muito sério, sempre pensativo e compenetrado em seus pensamentos e algumas vezes até mal humorado.

5. Obaluaê e as lições pelo mundo

Conta uma das mais famosas e antigas lendas que certa vez o Orixá caminhando pelo mundo, passou por uma aldeia, bastante faminto e sedento, e pediu para que lhe matassem a fome ou a sede. Os moradores por não o reconhecerem negaram-lhe um pouco de comida e até mesmo um copo com água, porque estranharam alguém todo coberto com palhas, de forma que não poderiam ver seu rosto.

Bastante triste e desapontado, ele saiu cabisbaixo e ficou nos arredores do vilarejo querendo entender mais sobre aquele povo tão mesquinho e pouco compreensivo.

Porém, durante este tempo de angústia e busca de resposta em que Obaluaê se debruçou, a aldeia estranhamente caiu em grande miséria, as pessoas adoeceram e o sol esquentou tanto que queimou as lavouras os deixando sem alimentos. Mesmo sem saber o que acontecia, chegaram todos a conclusão de que aquela grande "peste" poderia ser por conta do desconhecido ao qual haviam negado água e comida.

Arrependidos de sua miséria própria, os líderes daquele local recolheram o que restava de sobra de alimentos e foram levar ao forasteiro juntamente com um pedido de perdão pelo desprezo e ignorância de seu povo.

Então Obaluaê agradecido voltou novamente ao vilarejo e tudo voltou imediatamente ao normal. E antes de partir pediu à todos que jamais negassem comida ou um copo de água para quem sentisse fome ou sede. Justificando que somente quem sofre com a fome, sede, abandono ou uma doença sabe o peso que carrega em suas costas, certamente não merece mais punições, pois o destino já os punira o bastante.

6. Característica dos Filhos de Obaluaê

Segundo as lendas e entendimento religioso popular, os filhos de Obaluaê seriam pessoas tendenciosamente depressivas e bastante negativas. O entendimento lendário aponta que são pessoas tristes e de semblante melancólico, e além de serem pessoas cabisbaixas, teriam ainda, um alto grau de teimosia e acreditam sempre no pior das situações, não conseguindo enxergar o lado bom dos acontecimentos.

Acredita-se ainda que os filhos deste Orixá sofrem muito mais do que outros médiuns que sejam filhos de outros Orixás, com dores reumáticas e ósseas ou de doenças de pele justamente por serem filhos do Senhor das chagas.

7. Filhos de Obaluaê, arquétipo

Em um contexto espiritual e religioso acredita-se que o temperamento do médium ou dos filhos do Orixá esteja diretamente ligado ao arquétipo do Orixá, por isso os filhos e filhas de Obaluaê carregariam as características pessoais de Obaluaê como dor, sofrimento, angústias e penalidades da vida.

Porém uma vez que cada encarnado é um ser espiritual individual, com as suas próprias dores, sentidos e sentimentos, bem como missão de vida. É certo compreender que o médium regido por determinado Orixá, irá sim carregar consigo as emanações espirituais de luz e força de vida que vibram de seu Orixá. Segundo (A Bíblia Espírita - A Bíblia Real), antes de virmos para a terra como encarnados, todos nós partimos de uma "casa celestial", sendo que todas as "casas celestiais" são regidas por um Orixá, e por isso estamos ligados diretamente a estas energias "santificadas por Deus" aos quais chamamos de Orixás ou Santos.

Logo, as dores, as angústias, e as maleficências aos quais os homens vivem em terra, nada tem de similaridade com o Orixá que o conduz. Porém, o Orixá é quem protege os encarnados "seus filhos" daquilo que seria seu próprio mal ou deficiências para o progresso e evolução deste ser. Nunca para que o encarnado sofra suas dores, porque neste caso não estaria o Orixá lhe ajudando em nada, apenas lhe trazendo mais dores e feridas, o que caracterizaria uma punição por ser regido por aquele Orixá.

Então Obaluaê não é quem traz as feridas e as dores do corpo, mas sim quem ajuda a curar as feridas daqueles que tem por missão a lapidação de sua própria alma através das feridas da carne, para busca do próprio progresso e evolução pessoal.

Obaluaê teve suas próprias chagas e feridas, seus filhos terão as suas também. Obaluaê sofreu grandes dores, angústias, questionamentos e seus filhos terão os seus próprios sofrimentos e questionamentos. Porém, nas questões ligadas a saúde a doença e a cura terão do Sr. Das chagas, luz de sabedoria para ultrapassarem suas próprias dores e com isso alcançarem entendimento divino de forma que sigam em paz, esperançosos e seguros de seus caminhos.

8. Obaluaê, Orixá da vida e da morte

Porque representa o início e o fim? O início e o fim, quer dizer a vida e a morte através de uma visão de terra, ou seja, desde o nascimento, que é o que "conduz à vida" até o término da vida que é o que "conduz a morte". Porém, a vida não se inicia ao nascimento ou se finda à partir do momento da morte, uma vez que o campo terreno é apenas um campo de "passagem", e o espírito não morre nunca!

Embora a morte não represente o fim de um espírito e sim o fim da missão de um encarnado em terra. Este Orixá está ligado ao fim da vida material através do "sinal" que ele carrega que são as palhas, caracterizadas por aquilo que mais tememos ou desejamos nos esconder, que é a doença.

Não somente porque a doença faz alusão ao fim da vida por força das enfermidades ao qual um encarnado pode sofrer ao longo de sua jornada, mas também pelo potencial verdadeiro de morte que carrega.

Mas espiritualmente o que é a doença do corpo? Bem, tudo tem um início e um fim dentro do tempo da vida. As doenças, as chagas e as graves enfermidades seriam espiritualmente "um dos caminhos" que a "morte" utiliza para findar a vida carnal ao término da missão de um espírito.

Mas quando falo em findar a vida, não me refiro apenas em desligar o coração, o cérebro ou os sentidos vitais de um encarnado. Refiro-me principalmente a uma grandessíssima e misteriosa energia que prepara e encaminha o espírito para outro "estágio" espiritual.

Então Obaluaê representa e governa esta "fonte de energia divina" que rege o término da energia vital de um ser encarnado, para que este encarnado possa ser encaminhado para a continuidade de sua missão no campo astral.

O campo terreno possui energia vital própria de luz que são "derramadas" através das diversas fontes de energia direta, entre Deus e os encarnados através dos Santos (A Bíblia Espírita – A Bíblia real)

Para que algo se finde ou um encarnado parta deste campo para o campo astral é necessário uma energia própria. Isso quer dizer que até para morrer, além de uma ordem divina (o término da missão), é preciso de uma energia própria para que possa findar o fluxo de energia de terra a qual abasteceu este encarnado desde seu início de vida, que é diferente do fluxo de energia ao qual ele utilizará ao término para a transição de "mundos"; do campo terreno para o campo astral.

Isso porque o campo espiritual vibra em energia diferente da nossa.

E isso é o mesmo que dizer que para que a morte ocorra, é preciso que as fontes de energia deste encarnado se alterem, para que os espíritos de luz venham "prepará-lo" e "encaminhá-lo". Caso contrário este espírito ficará preso ao campo energético terreno e não partirá para o outro campo espiritual.

Então conhecer Senhor Obaluaê, é ter a certeza de que nenhuma morte ocorre acidentalmente, porém cada ser possui a sua própria maneira de se retirar desta terra.

Isso nos mostra que essa fonte de energia que é a energia ao qual chamamos de Obaluaê, além de ser totalmente diferente das fontes de energia espirituais que vibram em terra, é exatamente a fonte de energia que conduz um encarnado para o campo espiritual.

Por isso muitos encarnados têm extremo medo deste Orixá, porque essa fonte de energia capaz de preparar energeticamente para "retirar" espiritualmente um ser encarnado da terra, esse caminho utilizado pode ser feito através daquilo que chamamos de chagas, enfermidades e doenças. Também conhecidos espiritualmente como lapidação de alma.

9. Orixá da cura

"Aquele que nos dá à vida é o mesmo que nos conduz a própria morte"

É certo compreender que nem todos os que sofrem com graves doenças do corpo irão morrer, isso somente irá acontecer ao término da missão de um espírito. E nem mesmo Obaluaê tem a missão de tirar a vida de um ser.

Obaluaê é a representação divina que conduz a vida para "a vida eterna", e sua missão é "iluminar", "preparar" e reger, aqueles que necessitam de sua luz para que através de suas próprias chagas encontrem o caminho para a própria evolução.

Então é certo compreender também que a morte em terra é o caminho para a "vida eterna", e ainda que não sofram de "doenças de morte", todos iremos nos encontrar com a "Morte" em algum momento de nossas vidas, e esta, estará de "braços abertos" para nos abrigar na casa eterna de Deus, se acaso tivermos o sagrado merecimento de regressarmos as nossas "casas eternas" diante da luz que nos conduz a vida eterna.

Então eu diria que mais temível do que o encontro com a morte, é o encontro com a "própria verdade espiritual" após a sua própria morte. Porque a morte da carne não é o fim do espírito, apenas o fim da matéria carnal, aquilo que organicamente viveu em terra.

As chagas de Obaluaê "quando esteve em terra", não nos afirma que a morte é o fim, mas nos diz, que este é um dos caminhos de vida que a "Vida" nos proporcionará para que caminhemos em direção à "verdadeira sua vida".

Por isso digo que é certo compreendermos que aquele que possui o "caminho da morte" possui igualmente o caminho da vida. Por isso além de manipular e reger as energias que se manifestam através das doenças, possui Senhor Obaluaê o conhecimento e mistério das energias que curam e restabelecem as doenças e as chagas de qualquer ser encarnado. Isso porque nem todas as doenças, são doenças de morte, algumas são apenas doenças de passagem para outros estados de consciência material, outras lapidações de alma.

10. Silêncio! A morte que caminha em silêncio...

"Nem todos que carregam doenças acabarão no cemitério, mas todos que tem vida carnal um dia estarão lá"

Ainda há muito que aprendermos sobre as santidades e suas manifestações divinas. A manifestação do desligar da matéria e o findar da missão é uma das mais sagradas experiências para um espírito. Certamente um dos momentos mais aguardados pelo campo espiritual, por aqueles que nos guiam do campo astral.

"O dia da morte é mais importante que o momento do nascimento" (Eclesiastes 7). "Melhor é o fim das coisas do que o início delas" (Eclesiastes 7). Pois é certo que para chegar o dia do fim, tivemos a chance de nascer em terra, receber uma matéria orgânica, caminhar, aprender, buscar aprendizados, praticar coisas boas e crescer espiritualmente. Sim, eu diria que é melhor o dia do fim do que o dia do início. Nascemos puros de coração, mas será que morremos igualmente puros? Será que estaremos preparados para darmos continuidade as nossas missões espirituais distantes da matéria carnal? Será que estaremos preparados para a morada eterna do pai?

"Há justo que perece na sua justiça, e há ímpio que prolonga os seus dias na sua maldade" (Eclesiastes 7). Qual destes somos em terra?

A sabedoria nos fortalece e nos eleva em espírito. Essa certamente é uma das missões de Senhor Obaluaê, nos mostrar que a sabedoria é o caminho para a vida eterna, e que a visão de terra muitas vezes nos engana, nos colocando em patamares muito pequenos. Vejam vocês, segundo as lendas, jamais conseguiram olhar seu rosto, assim como jamais viram a face de Deus, suas palhas impediram de vislumbrar seus membros e seu rosto. Mas são os olhos espirituais que nos contam sobre a vida e a morte, a doença e a cura, o bem e o mal, porque os olhos que olham através da luzes divinas, nunca permitirão um único engano quando o coração caminha na verdade de Deus. Obaluaê enxerga sobre a ótica divina e não carnal, seu corpo é alicerce do bem divino e não altera sua missão e essência se for apresentado ou não em terra. Suas feridas não são feridas de morte, são exemplos para que saibamos olhar além da matéria carnal e não matarmos a pureza espiritual que carregamos em nossas almas.

Silêncio em sinal de respeito ao Senhor Obaluaê, é o mesmo que nos silenciarmos em respeito ao Criador do mundo e de todos nós. O Senhor das chagas carrega consigo o poder da manifestação divina que nos conduzirá até a "casa da morte" através do campo da vida que jorra luz de Deus. Porém é Deus que o torna representante desta energia em terra, pois a passagem de um campo para o outro é apenas o desligar do fio de prata e o religar para a vida eterna. Ele carrega a vida preparando a passagem para o momento mais santificado e sagrado que é voltar pra casa depois de uma longa e gratificante viagem na casa passageira daquilo que morre. A terra.

11. O Cemitério

"Cemitério. Onde choramos nossos corpos e os espíritos vem beijar seus mortos."

O cemitério representa a paz eterna, o lugar do descanso do corpo para que a alma esteja livre e caminhe por outros campos espirituais em busca de sua evolução. Mas não é apenas isso, ele é um campo sagrado para ambos mundos, porque é o ponto de encontro entre aquele que vive e o que está em sono profundo da alma.

Não é o lugar que representa a morte, uma vez que a morte está em todos os cantos da cidade, mas é o lugar que guarda o símbolo maior da vida, que é a "carcaça consagrada" que carregou o espírito por toda a sua caminhada em terra. Embora um dia até mesmo "símbolo" se apague no solo, é o objeto que o conecta com quem ainda ficou para o término de sua missão.

Então o cemitério é o lugar escolhido e consagrado para ser o relicário espiritual ao qual se depositam as memórias de terra. Assim como o campo celestial é representado pelo jardim divino como referência de paz eterna junto a Deus, o cemitério é a representação do jardim eterno das memórias que separa misteriosamente a vida e a morte.

É o lugar onde o próprio espírito vem visitá-lo, observando aquilo que um dia foi ao mesmo tempo em que salda seus entes queridos, quando estes também vem visitá-los para cobri-los de flores.

É o horto sagrado onde as mães beijam seus filhos e suas almas se curvam para secar suas lágrimas.

É o jardim onde os Anjos caminham para acalantar ospeitos vazios enquanto seguram as mãos daqueles que choram os cobrindo de bênçãos e amor.

Diz à lenda que Obaluaê aceita nossas licenças para que possamos adentrar a vossa sagrada casa onde reina a paz eterna. Sim, somos seres que buscamos a paz em terra, porém sem nenhuma ansiedade de caminhar sobre a vossa vigilância no campo onde a paz dorme com a vossa regência.

Então mais do que sentir o cheiro da morte, caminhar por este campo sagrado é fazer uma imersão pessoal ao silêncio que este campo é capaz de proporcionar em cada um. Este que é o jardim que silencia todos os sons externos, é também o campo que representa o silêncio que ensurdece todos os ouvidos; é a paz que causa as mais profundas angústias, pois ela traz à consciência dos que visitam todas as lembranças que fere e dói na alma, principalmente porque nos faz compreender que até mesmo o maior homem em terra será calado pelo som da paz que ultrapassa as barreiras da morte carnal.

Por isso, a serenidade e a tranquilidade que pairam, não traduzem paz no olhar e sim incertezas e medos enquanto o fim ronda seus ombros e o rei das palhas tranquilamente caminha e abranda seus ouvidos para não ouvi-lo, para que o silêncio eterno de Deus possa caminhar tranquilamente entre os vivos.

Por isso lhes digo, não é terra de ninguém, não carrega essências más, tudo em terra que seja sagrado tem um regente ou um dono. Embora muitos daqueles que já se foram ainda rondam suas próprias lápides tentando compreender o porque de suas precipitadas partidas, o porque de suas almas terem se desalojado de suas carnes, ou o porque de não poderem seguir sem seus corpos. E muitos ainda vivem sentindo cheiro de sangue fresco a espera de respostas para aliviar suas almas.

12. A vida na morte

O cemitério além de representar o fim, é o fim que carrega muito do que permanecerá em terra por longos e longos anos, uma vez que a morte jamais será capaz de levar aquilo que abrigamos dentro de nós, ainda que a carne apodreça embaixo da terra.

E mesmo que os caixões escondam as feridas do corpo, quantas dores, lamentos, ódios e angústias se juntam no mesmo lugar que supostamente carrega a paz eterna?

Quanto há nesse lugar "recipiente sagrado" daquilo que depositamos e desejamos esquecer? Sim, mais ainda existem muitas pessoas que vão até o cemitério buscar coisas más! Ou exatamente aquilo que jamais iremos depositar nas urnas espalhadas embaixo do chão, como rancor, ódio, raiva e emanações ruins.

A atividade do amor que mora nas esquinas dos cemitérios, onde cada tumba descansa um morto, também convive com a dor da perda, a dor do ódio, do arrependimento, da raiva, da ira, do medo, da angústia e de toda tristeza de terra ao qual não se pode enterrar enquanto estamos vivos.

É preciso compreender que onde existe o amor divino, também se enterram segredos perversos, angústias eternas, ódios malignos, inveja, ciúmes, enganos… por isso dentro de um cemitério existe toda sorte de invocações malignas, ainda que a luz e a paz divina caminham de olhos fechados por entre a vida e o pó da terra.

Antes de adentrar a este jardim, faça sempre uma oração e peça ao Senhor Obaluaê que lhe cubra com suas palhas e lhe traga somente luz, pois é sobre ela que ele mesmo caminha.

A paz sombria humaniza e enche de solenidade todo e qualquer coração mais áspero e duro.

13. Sincretismo, Lázaro de Bethania

Obaluaê está sincretizado com São Roque ou São Lázaro dependendo da doutrina religiosa. Nesta obra iremos falar sobre o sincretismo religioso em relação à São Lázaro e São Roque que são os mais comuns.

Obaluaê é sincretizado com São Lázaro, Lázaro o ressuscitado, mais conhecido como Lázaro de Bethania. Este Santo católico ao qual Obaluaê é sincretizado nas religiões de matrizes africanas, não é não somente do ponto de vista milagroso, mas do ponto de vista da relação da vida e da morte ao qual um único ser vivenciou. E sendo esta uma das características de Obaluaê, talvez seja por isso, que ambos estejam associados

Conta à história que Lázaro foi um homem muito nobre, de grande honestidade e família religiosa, e Jesus fez a ressurreição de Lázaro no quarto dia de sua morte a pedido de sua irmã Marta.

Martha e Maria irmãs de Lázaro mandaram avisar a Jesus que o amigo estava morrendo e precisava de ajuda, porém Jesus afirma que: "Esta doença não era de morte", mas para a glória de Deus, a fim de que o Filho de Deus fosse "glorificado", Jesus então atrasou sua viagem por mais dois dias.

Jesus avisou que não poderia voltar devido à perseguição que sofria, mas que iria ressuscitá-lo do sono, seus discípulos acreditavam que Lázaro apenas dormia, porém, chegando à cidade de Bethania, Jesus descobre que seu amigo jazia há quatro dias sepultado.

Disse Jesus: Eu sou a ressurreição e a vida. O que crê em mim, ainda que esteja morto, viverá; e todo o que crê em mim, nunca, jamais morrerá; crês isto? (Jo 11:25-26)

Ao regressar Jesus foi com todos até o túmulo de Lázaro, que já cheirava mal e disse: "Pai, graça te dou que ouviste. "Eu sabia que sempre me ouves, mas assim falei por causa desta multidão que me cerca, a fim de crerem que tu me enviaste".

Após ter dito isso, Jesus gritou em voz alta:

"Lázaro, sai para fora!" O morto então saiu, com as mãos e pés enrolados em tiras de linho e com panos à volta do rosto. Jesus disse então ao grupo "Desatai-o e deixa-o ir".

14. Sincretismo com São Roque

Não existem grandes certezas sobre a vida de São Roque, e a maior parte dos seus dados ainda são um grande mistério, e até mesmo seu verdadeiro nome é desconhecido, já que Roch (aportuguesado para Roque) seria o seu nome de família e não de batismo.

Diz à lenda que Roque era filho de um mercador rico e teria ficado órfão de pai e mãe muito jovem, e foi entregue aos cuidados de seu tio. Roque teria estudado medicina, porém não concluiu os estudos.

Roque levava desde uma vida ascética e praticava a caridade para os menos favorecidos, e por volta de 20 anos de idade, teria resolvido distribuir seus bens aos pobres e ir peregrinar em Roma.

No decorrer, ao chegar à cidade de Acquapendente, próximo a Viterbo, a cidade encontra-se assediada pela peste (aparentemente a epidemia da Peste negra de 1348). No início Roque se ofereceu como voluntário na assistência aos doentes, operando as primeiras curas milagrosas, usando apenas um bisturi e o sinal da cruz (aliás ele havia nascido com um sinal de cruz vermelha no peito, o que predestinaria sua santidade), em seguida visitou Cesena e outras cidades próximas como Mântua, Modena, Parma e outras aldeias. Onde havia um foco de peste, lá estava Roque ajudando e curando os doentes, revelando-se cada vez mais místico e curandeiro.

Depois de visitar Roma, por volta de 1368 a 1371, conforme algumas biografias, onde rezava diariamente sobre o túmulo de São Pedro e onde também curou várias vítimas da peste. Porém na viagem de retorno ele foi o próprio contaminado pela doença, na cidade de Piacenza, o que o impediu de prosseguir sua obra assistencialista.

Conforme o que diz a história, para que não contaminasse mais pessoas, ele teria se isolado na floresta próximo aquela cidade, onde somente não morreu de fome, porque um cão o alimentou diariamente com pães e uma fonte de água limpa matava sua sede.

Segundo a lenda o cão pertencia a um homem rico, percebendo sua presença o teria ajudado. E milagrosamente Roque teria se curado da enfermidade e regressado para sua cidade, logo em seguida teria sido preso e levado diante do governador, e condenado por ser um espião, teria passado anos na cadeia até morrer.

15. Lázaro, São Roque e Obaluaê

As histórias de Lázaro e São Roque carregam a essência das lendas históricas de Obaluaê devido às condições de vidas semelhantes. Por um lado um homem abandonado e esquecido devido suas feridas, por outro faminto e desejoso de caridade, proteção e humanidade.

Notem que essas histórias nos contam muito sobre a semelhança com a qual sofreu o Senhor Obaluaê quando necessitado de alimento e água, igualmente foi renegado devido seu estado intimidador e a necessidade de usar palhas para esconder suas feridas de forma que não assustasse aos outros, assim como São Roque assustava devido sua condição adoentada e por isso se afastava dos demais ao seu redor, preservando a integridade e saúde dos demais homens já sofridos com as doenças.

Senhor Obaluaê tinha suas palhas para lhe cobrir as feridas e as marcas das úlceras pelo corpo, e Roque provavelmente um fétido pano velho que o cobria em todas as necessidades e intempéries da vida terrena.

Mas nem por isso deixou de ser alimentado pelo cão que jamais olhou para seu estado de saúde ou feridas e lhe fez companhia e alento no momento de maior dor tendo compaixão de vossa pessoa, provavelmente lambendo suas feridas em troca de uma justa e real amizade.

Quando falamos em Obaluaê, falamos em Deus, falamos em tesouros e eternidade, falamos sobre os mistérios da vida e da morte. Mistérios estes que guardam as chaves das riquezas verdadeiras Deus, aos quais os homens ainda lutam em terra para encontrar.

"Não guardeis tesouros para vos outros tesouros sobre a terra, a onde a traça e a ferrugem corroem, e a onde os ladrões escavam e roubam. Antes, guardais e preservai e acumulai pra vos outros tesouros nos céus"

Os tesouros dos céus são coisas que cabem no coração, estes as traças e o ferrugem não comem e os ladrões jamais roubarão.

Este é todo o significado daquilo que nós em amor e em verdade, através da justiça, bondade, carinho e humanidade podemos praticar em terra.

Isso certamente é um dos mistérios que guarda o Senhor da vida e da morte.

Teologia Espírita Obaluaê

OBALUAÊ |40| Lendas, arquétipo
e teologia

1. Natureza santa e os Santos

Antes de iniciarmos sobre o Orixá Obaluaê, preciso mostrar como Deus atua com os Orixás de maneira celestial em campo terreno através das energias e forças da natureza. Embora possa parecer que esta divindade não esteja diretamente ligada as forças da natureza, eu vos digo que está sim, pois tudo o que é vivo em campo terreno faz parte do processo natural de vida.

A natureza é a força santificada por Deus para abastecer a vida carnal, porque é sobre a natureza que Deus jorra todas as energias espirituais que o campo terreno precisa e também manipula as energias em terra existentes. Enquanto os Santos são as fontes de energia de Deus que emanam as energias espirituais santificadas para alimentar os encarnados de luz divina. A natureza é a fonte recebedora destas energias santificadas, atuando como um campo de recolhimento das fontes de energia direta de Deus.

Como funciona? A natureza é formada de vários elementos orgânicos e "essenciais" criados por Deus para que a vida na terra possa existir, e é através da natureza que Deus manipula a vida que nasce, cresce se alimenta e se finda em campo terreno. E tudo isso, só é possível por força da própria natureza que recebe as energias essenciais de Deus para essa missão de alimentarem os homens e mantê-los vivos, até o fim de suas missões. Mas tudo isso só é possível com a ajuda dos Santos.

E como isso acontece? Deus precisa jorrar sobre o campo terreno suas próprias forças espirituais, porém, as energias do Senhor Deus de tão grandes que são poderiam destruir o campo terreno. Imagine você colocar o planeta júpiter dentro de uma caixinha de sapato? Impossível não é? Isso é Deus, criador de todos nós, uma força descomunal e muitíssimo grande para colocar dentro do campo terreno. Então o Criador, criou e ordenou os Santos para que façam esse trabalho em seu nome. Isso quer dizer, ele criou e ordenou 7 distintas energias de poderes essenciais e as santificou, para que possam através desta divisão de forças em outras 7 fontes de energias, Ele mesmo sustentar os elementos orgânicos e os seres encarnados. E assim, conseguir manter todos os seres que possam existir igualmente vivos por ordem divina.

Por isso os Santos são a força divina que alimentam o campo natural e não a própria natureza, pois esta não possui vida por si própria, a não ser através do poder e da ordem de Deus de cumprir a missão de alimentar a vida da terra.

2. Porque representam as forças da natureza

Os Santos descarregam suas forças espirituais, compostas por luz divina e cheias de energia santificada sobre os elementos da natureza, eles não são a própria natureza, mas sim receptores das forças divinas e "derramadores" destas forças sobre a terra.

O poder de manipulação dos elementos naturais vem exatamente deste fato, pois ao mesmo tempo em que as recebem, precisam também derramar, caso contrário seriam destruídos devido o tamanho da força que recebem e manipula. Então, derramar sobre algum elemento que pertence à em terra é a forma de trazer em terra as forças de Deus. E a natureza grandiosa e poderosa que é, recebe todas essas energias e as torna vivas tornando vivo tudo o que tem vida orgânica.

Por isso, as forças espirituais santificadas representam o poder da natureza, pois estão diretamente ligados ao poder natural dos elementos da terra, consagrados por Deus. E todas estas energias e formas de emanação nos direcionam ao Criador. Pois todas as criações estão ligadas a Ele por meio da verdade que se expressa na natureza e sem esta verdade não há vida na terra. Então, sem os elementos naturais não seria possível existir vida. Logo, os Santos são aqueles que representam o próprio pó da vida, da qual sem ar, água, terra, fogo e ar, não se pode existir vida.

3. São Roque, Lázaro ou Obaluaê, quem é Santo?

Um servo de Deus, eternamente será um servo de Deus, e independente da doutrina religiosa ou os nomes de terra, sua missão espiritual jamais será alterada, assim como jamais será reconhecido por outra missão ao qual não tenha nascido.

Se este será reconhecido como Santo, Mártir ou Orixá, não importa. Nem mesmo se será reconhecido como um simples médium, sacerdote, pregador ou "representante da luz divina". O que importa é o cumprimento da missão em terra, pois esta sim o fará reconhecido por aquilo que nascido para ser foi e eternamente será.

Por isso, quando nos deparamos com as histórias de "ressuscitação" de Lázaro ou a caridade de São Roque, uma certeza podemos ter em nossos corações! Seus corpos carregaram eternamente as marcas da vida, lapidando suas almas e os tornando ainda mais purificados e santificados diante de Deus. Suas dores serão as dores dos mais fracos e necessitados esperando a justiça divina nos trazer o alento, nem que seja através da humildade de um cão carregando o pão que nos alimentará dia após dia, por força da bondade "aqueles" que acreditamos serem desalmados ou incapazes intelectualmente, porém, cheio de amor divino, os animais. Não para nos alimentar o corpo, mas para nos encher a alma de amor, caridade, humildade e humanidade.

Então a preocupação em crer em São Lázaro, São Roque ou Obaluaê que muitas vezes afeta nosso entendimento de terra, mas jamais nossas crenças, fala sobre a personificação de uma entidade carregada de poderes e forças sobrenaturais que independente do nome de terra ou forma de atuação fala de Deus.

Isso porque nada impedirá que este ser faça em terra exatamente a missão que veio fazer, seja esta missão, curar, auxiliar, pregar, encaminhar pessoas ou simplesmente falar em nome de Deus para ressuscitar aqueles que morem em vida sem que vossas horas tenha chegado.

Pois muitas vezes o que querem nos mostrar é o extremo poder das forças sobrenaturais divinas que todos os homens possuem em terra e dela podem fazer uso, desde que estejam vibrando na corrente de energia que os liga do campo terreno ao campo espiritual através da fonte de energia direta, entre os homens e o Criador.

4. Mártir ou Orixá?

Então não existe entidade mais ou menos santa ou poderosa conforme pregam as diversas doutrinas de terra. Existem servos de Deus cumpridores de missões espirituais passando pelo campo terreno como criaturas missionárias, pois é assim que nascem os exemplos vivos que futuramente chamaremos de Mártir, Orixá, Divindade ou Santo em terra.

Porque a passagem terrena de um ser altamente evoluído (Orixás, mártir ou divindade) pelo campo terreno em forma humana cumprindo sua missão celestial é para nos ensinar a atravessar a missão carnal/espiritual, servindo de exemplos vivos. De forma que possamos compreender essas forças divinas que ocultamente nos auxiliam e nos abençoam para que um dia possamos fazer com total consciência as nossas próprias escolhas de batalhas pessoais.

Os Orixás são espíritos altamente evoluídos que estiveram sim em terra! Para o cumprimento de uma missão, porém carregam dentro de si uma extrema força nascida de uma Fonte de energia direta "fonte de energia divina que é jorrada por Deus" (A Bíblia Espírita – A Bíblia Real) de forma totalmente natural ou espiritual.

Essas fontes de energia direta são encontradas através da junção das energias que naturalmente existem e vibram em campo terreno, nos elementos vivos criados por Deus. Por exemplo: às águas, as matas, o solo árido, o oxigênio e as energias fluídicas de força de vida, "derramando" em terra tudo o que possa existir na natureza ou por força da natureza.

Mas essa energia que sustenta a força de vida e "caminho de morte" "através da doença" ou "morte e vida" como a ressuscitação, representam aquilo que espiritualmente é governado por Deus e regido por um servo espiritual, chamado por nós de Orixá, para que os ciclos se renovem de tempos em tempos para renovação da própria energia que deve fluir em terra.

No caso desta entidade chamada Obaluaê, a fonte que lhe conferia energia de cura e vida ao qual ele transformou em lapidação através das chagas, são as energias da fonte espiritual que ele foi santificado por Deus quando esteve em terra. Portanto, a fonte coberta de segredos e mistérios espirituais em que ele mesmo rege e manipula, representa aquilo que espiritualmente Obaluaê recebeu de Deus para manipular e reger em terra, por isso ele tinha bastante facilidade para curar e vencer a própria dor da carne.

Por isso tinha ele e ainda tem total regência espiritual e domínio sobre a doença, à vida e a morte por força do "caminho" que conduz a morte. Não somente porque venceu a própria morte com o poder desta energia, mas porque fora nascido para reger e dominar esta misteriosa força.

Então o poder de forças que são revertidas para as curas, frutificação, amor, caridade, vitalidade, liberdade ou morte conforme a missão espiritual de cada ser; são energias santificadas e governadas por entidades chamadas por nós de Obaluaê, Oxum, Ogum, Iemanjá, Oxóssi etc...

Por isso, todas as vezes que falamos sobre dom espiritual ou dom mediúnico, estamos nos referindo a utilização das energias vindas das fontes de energia direta, que são energias manipuladas pelos Orixás para que possamos reverter estas energias para aquilo que é a nossa missão em terra.

Por isso, as ferramentas divinais de cura que aquele ser "homem adoentado" desempenhou em terra, são ferramentas divinas que partem do cumprimento da missão dele mesmo como um grande curandeiro.

Mas tudo isso também faz parte de um antigo processo de compreensão das atividades espirituais de um ser encarnado, onde o sincretismo e as lendas já enraizadas nas culturas religiosas, nos faz crer de forma ainda rasa.

Pois este é o mesmo processo que nos faz pensar que para crer em São Lázaro teríamos que desacreditar em Obaluaê, que crer em Obaluaê seria o mesmo que trair a crença no Santo ou na igreja que o tem como santidade; quando em verdade, tanto um quanto os outros são espíritos com missões semelhantes, utilizando-se da mesma fonte de energia direta para o cumprimento de suas missões em terra.

Porque o cumprimento de missões independe da doutrina religiosa, uma vez que esta está muito mais ligado as crenças interiores e íntimas de cada ser conforme seu processo evolutivo espiritual e não a uma instituição social de terra, nos eleva e nos torna mais fortes quando estamos verdadeiramente crentes.

Mas este antigo processo de compreensão das atividades espirituais de um ser encarnado e o sincretismo enraizado como algo errado ou estranho em nosso processo individual de aprendizagem, jamais poderá retirar as verdades de cada um, pois as suas próprias verdades pertencem a você mesmo. Então nos resta respeitar as diversas doutrinas de terra, assim como as diversas crenças de cada ser, pois a verdade de Deus à Deus pertence. Pois nem tudo cabe ao homem saber, apenas crer e seguir suas próprias crenças em direção ao seu Criador.

5. Obaluaê, santidade sobre a vida e a morte

Conforme compreendemos, os Santos recebem e derramam sobre a terra as energias santificadas por Deus, uma vez que essas energias são divididas em sete raios de forças distintas.

A entidade espiritual santificada que divinamente recebe a ordem de jorrar uma determinada força de luz sobre o elemento água, não as águas do mar e sim as águas que caminham sobre a superfície da terra recebe o nome de Oxum em campo terreno.

Essa determinada santidade, caminha sobre a missão santificada de carregar a força da energia que conduz a vida através das diversas formas de vida, pois diferente daquilo que acreditamos a fonte de energia que da a vida é a mesma força que finda e faz renascer em outros campos de lapidação.

A missão de Obaluaê é caminhar em terra e manipular a energia que vibra sobre o sustentáculo da vida e da morte que são as fontes que alimentam a vida em terra, feitas através da luz divina.

A vida é Deus jorrando sua própria energia de luz sobre a terra e Obaluaê tem a função de conduzir luz e fonte de vida a todos os que estejam vivos seja em terra ou fora dela.

6. Abrigo divino

O campo terreno é um campo de lapidação de almas através das missões que cada espírito encarnado possui. Espiritualmente aqui, é um abrigo sagrado que recebe todas as forças, poderes e emanações de Deus, tornando-se uma casa sagrada para lapidação de almas. E somente se tornando uma casa sagrada poderia mostrar ao ser humano o poder de amor que o Criador possui, quando cria espiritualmente fontes de emanação de energia direta espíritos que recebem para encaminhar para a essa terra, tudo aquilo que somente Ele poderia que são as energias santificadas em forma de amor, caridade, bondade, frutificação, luz, sabedoria, conhecimento, ciência e poder de justiça que somente ele em verdade possui. Porque ainda que os seres de terra tenham tudo isso, esse tudo, foi recebido de algum lugar ou de alguém; e esse lugar é o campo celestial e esse alguém é o próprio Deus, através dos espíritos santificados.

Mas somente com todo esse preparo que a terra recebe e com todas essas emanações cheias de luz divina com o auxílio dos Santos, é possível nascer, crescer e cumprir missão aqui deste lado. Ainda que o campo terreno seja um campo de aprendizado, uma vez que todos os espíritos que aqui se encontram, estão de alguma forma buscando sua evolução através de lições espirituais por força de alguma lição que esteja passando, lições estas que muitas vezes chamamos de dificuldades, aqui é o maior campo espiritual e sagrado de amor, caridade e bondade; porque Deus em sua eterna bondade além de nos criar espiritualmente, nos concede vivermos neste campo espiritual lindo e capaz de nos atender em todas as nossas necessidades.

Este é o único campo espiritual que possui águas límpidas para nos alimentar e refrigerar, solo sagrado para pisarmos e caminharmos, alimentos que brotam do chão para nos alimentarmos, as aves voam tranquilas e serenas, nos mostrando como a vida pode ser leve, tranquila e divina; aqui temos lindas paisagens e vegetações, oxigênio puro para nos abastecer, as vidas nascem e se renovam todos os dias. E tudo isso somente é possível com a santa e sagrada contribuição dos Santos, que são espíritos altamente preparados e sagrados em nome de Deus que os permitem serem o elo entre Ele e nós seres humanos, filhos aprendizes do que significa o amor verdadeiro.

E os Santos que são estes elos que nos ligam à Deus são a representação do que é o amor divino em sua plenitude, pois tudo fazem por nós, e em nossos nomes. Sem nos perguntar absolutamente nada, sem se importarem se somos bons ou não uns com os outros, sem se importarem se somos verdadeiros em nossas caminhadas ou se estamos aprendendo as lições espirituais ou pregando e fazendo tudo ao contrário do que é a ordem divina. Então os Santos, são a mais pura representação da face de Deus, nos abençoando e nos trazendo luz divina, amor, caridade, piedade, compreensão e justiça divina em forma de alimento espiritual, para o corpo e para alma.

Devocionário aos Santos e Servos de Deus

1. Conhecendo os Santos

Deus em vossa plenitude misericordioso permite que os espíritos mais altivos e preparados espiritualmente sejam vossos servos espirituais, nas lutas e serviços Santos, para que o elo espiritual jamais se quebre diante da vossa verdade. Os Santos são os poderes que estão em tudo e encontra-se em tudo, porque cada espírito Santo e sagrado é uma ponta deste elo espiritual criado por Deus, para que todos estejam seguros embaixo do manto sagrado de Deus.

Isso quer dizer que mesmo diante das maiores dificuldades de terra, ainda que não possamos falar diretamente com o Criador e lhe pedir socorro, ainda assim existirão aqueles que carregam as forças e energias de Deus e irá levar nossas preces e nos ajudar diante de nossas dores e dificuldades.

O Pai Maior jamais nos abandonará, porque aonde existir uma intenção boa em vosso nome lá Ele estará, ainda que através de um de seus servos, os Santos, que carregam as vossas energias santificadas e vontade de nos acolher e nos cuidar em todos os momentos de nossas caminhadas terrena.

A bondade divina é eterna, por isso, ele nos abençoou com esses espíritos santificados para que jamais estejamos sozinhos e desamparados, porque ainda que Ele mesmo não adentre em espírito neste campo sagrado, sempre haverá um espírito preparado em vosso nome para nos socorrer e nos abençoar representando ele mesmo, carregando as vossas próprias luzes.

E essa verdade não muda devido a igreja, ao templo, a casa espiritual; porque Santo é Santo em qualquer lugar, suas ações e missões independem dos encarnados. Porque ainda que estes possuam cargos e patentes de terra diante de suas doutrinas em nada suas vontades podem interferir naquilo que devem fazer em nome daquele que vos criou e vos ordenou a serem o que são. Por isso, os Santos não caminham sobre ordens e diretrizes de homens de terra, mas sim sobre as ordens e diretrizes espirituais que os regem e vos guardar em casas sagradas celestiais.

2. Falando com Deus através dos Santos

Falar com os Santos é falar com Deus, então não importa onde você esteja, ou em que momento da vida você esteja. Todas as vezes que procurar a intercessão divina através dos Santos eles estarão prontos para vos socorrer, afinal foram criados, preparados e ordenados para essa função. A maior alegria e prazer espiritual para um espírito é saber que o seu trabalho Santo é de fato a luz e a salvação na vida daqueles que precisam de vossos auxílios.

Então não tenham medo de lhes invocar e pedir tudo aquilo que desejarem, Santo é Santo em qualquer lugar, pronto para auxiliar todos os necessitados. E não é porque um encarnado tem por guiador ou (pai e mãe) uma determinada unidade espiritual, ou um determinado espírito que não poderá recorrer suas preces ou devoção a outro espírito. Os Santos são espíritos criados justamente para nos atender, a missão deles na vida individual de cada encarnado, em nada interfere em relação a intercessão divina, porque uma coisa são as doutrinas de terra, outra coisa, são as verdade e razões pelos quais estes espíritos foram criados.

Por isso não tenham medo de lhes invocarem em preces, músicas, sons ou a forma que lhes tocarem os corações, porque eles são as verdadeiras fontes de luz criadas por Deus para nos ajudarem e entre eles, não existem vaidades, desejos individuais, vontades próprias, quereres exclusivos, competições ou nada que se refira aos sentidos humanos e encarnados, apenas energia espiritual divina de luz, amor e caridade.

3. Santificados sejam todos os Santos

Devoção aos Santos Espíritos

Santificados sejam todos aqueles que estejam dispostos a trabalharem em nome de Deus para servir ao Criador em favor dos homens da terra, sendo as fontes de energias diretas de Deus para que os homens sejam nutridos e alimentados em todas as suas necessidades de homens. Evocados em nome da santidade que é Deus, sejam todos os espíritos que distribuem luz, amor e caridade, sem pedir nada em troca, apenas pelo compromisso e a missão espiritual para que sejamos aliviados de nossas dores e opressões de homens.

Iluminados sejam todos aqueles que escutam e temem a Deus em todos os vossos dias, pois estes sabem quem é o verdadeiro Deus e a vossa verdadeira força de vida e de morta, ainda que estas estejam distribuídas através dos Santos em prol dos que caminham sobre o verdadeiro espírito de luz e de bondade, único capaz de dar e de tirar a vida dos filhos da terra.

Louvados sejam todos aqueles que abrindo mão de suas próprias unidades, atuam única e exclusivamente a atender as vontades do senhor Deus para que toda as vossas determinações sejam cumpridas.

Abençoados todos os que se sacrificam e se imolam em nome da força maior e do poder supremo, não por medo do fim e da morte, mas por devoção de amor e de verdade ao Deus maior, criador de todas as coisas. Amém.

A BÍBLIA REAL
ESPÍRITA

CONHEÇA A BÍBLIA REAL, A PRIMEIRA BÍBLIA ESPÍRITA DO MUNDO

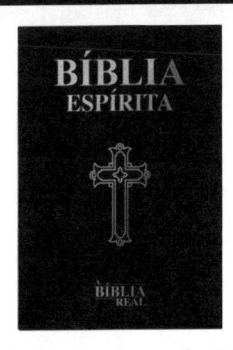

Comunidade Espírita de Umbanda
Cobôclo Ubirajara

Rua Doutor Almeida Nobre, 96
Vila Celeste - São Paulo - SP
CEP: 02543-150

- www.abibliaespirita.com.br
- @abiblia.espirita
- A Bíblia Espírita
- A Bíblia Real / Bíblia Espírita
- faceboook.com/cabocloubirajaraoficial/
- faceboook.com/exuecaminho
- faceboook.com/babalaopaipaulo
- faceboook.com/claudiasoutoescritora
- contato@editorarochavera.com.br

Editora Rochaverá

Rua Manoel Dias do Campo, 224 – Vila Santa Maria – São Paulo – SP - CEP: 02564-010
Tel.: (11) 3951-0458
WhatsApp: (11) 98065-2263

EDITORA ROCHAVERÁ

OBALUAÊ | 64 | Lendas, arquétipo e teologia